もっと知りたい！ 調べたい！
お金のこと❷

値段が決まるしくみ

監修／キッズ・マネー・ステーション

お金から
見る社会

発売：小峰書店　発行：中央経済グループパブリッシング

はじめに

　みなさんは、買いものをしたことはありますか？

　家族と買いものをしたことがある、自分1人で行った、インターネットで買った…いろいろな買いものの経験があるでしょう。

　買いものとは、ものとお金の交換です。そして、ほしいものと交換するのに必要なお金が、「値段」です。

　「値段」とは何かを、もっとくわしく説明すると、ものやサービスが、どのくらいのお金と交換できる価値があるのかを示す数字になります。

　私たちの暮らしの中で値段はとても大切です。洋服や住まい、食べものすべてに値段がついています。また、ものだけではなく、サービス（美容院、クリーニング屋、遊園地の入園、習いごと…など）にも値段がついています。

　ものやサービスの値段は、どうやって決まるのかな？と不思議に思ったことはありませんか？

　ものやサービスの値段が決まるのはとても複雑です。この本は、そうした複雑な世界にみなさんを案内して、「なるほどそうだったのか！」と値段の決まり方のしくみを理解し、もっと「調べたい！」と感じてもらえる内容になっています。

　そして、値段の決まり方を知ることは、社会のしくみを知る入り口になります。この本をきっかけにして、ものやサービスの値段や価値についての理解を深め、日本国内だけでなく、世界中で起こるさまざまなできごとに関心をもってもらえればうれしいです。

キッズ・マネー・ステーション　八木陽子・柳原香

現在おもに使われているお金の種類

日本のお金には金属のものと紙のものがあり、金属のお金は硬貨や貨幣と呼び、紙のお金はお札や紙幣と呼びます。

〈硬貨の種類〉

 1円玉

 5円玉

10円玉

50円玉

100円玉

500円玉

〈お札の種類〉

 千円札

 2千円札

 5千円札

 1万円札

この本の使い方

……この章で学ぶことが書かれています

……この章のテーマがまんがでわかります

……大切なことが見出しになっています

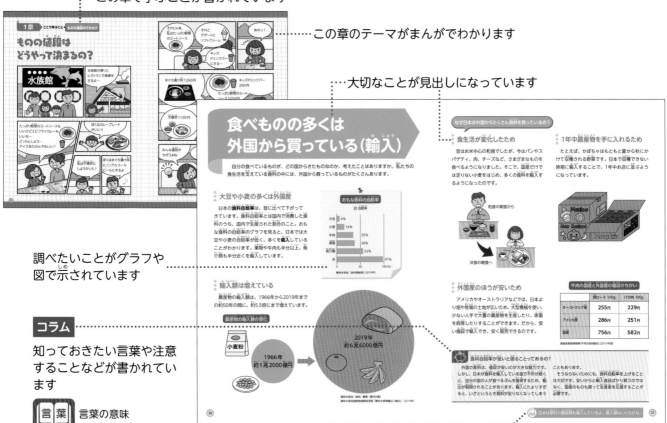

調べたいことがグラフや図で示されています

コラム

知っておきたい言葉や注意することなどが書かれています

 言葉の意味

 注意すること

 お金ミニ知識

発展

自分で調べたりやってみたりしてほしいことが書かれています

 身の回りで調べてみよう

 本で調べてみよう

 ヒントやアドバイス

 インターネットで調べてみよう

 話し合ってみよう

 自分でやってみよう

もくじ

ものの値段（ねだん）はどうやって決まるの？

水族館の帰りに
レストランで食事を
するよ〜

たっぷり野菜（やさい）のミートソースも
いいけどエビフライカレーも
いいな〜
どっちにしよう…
アイスをたのんでもいい？

ぼくはカレープレート
がいい！！

私（わたし）は中華丼（ちゅうかどん）に
しようかしら♪

ぼくはまぐろ漬け丼（づけどん）
とノンアルコール
ビールにするよ

メニューを見て、値段のちがいを比べてみよう

お父さん

まぐろ漬け丼
税抜き1260円（税込み1386円）

ノンアルコールビール
税抜き450円（税込み495円）

和食メニュー

まぐろ漬け丼［味噌汁・御新香付］
税抜1,260円（税込1,386円）

讃岐うどん
税抜700円（税込770円）

ミニまぐろ漬け丼と讃岐うどんセット
税抜1,360円（税込1,496円）

中華メニュー

中華丼［スープ・御新香付］
税抜1,100円（税込1,210円）
具だくさんのあんは
ご飯との相性も抜群です！

広東揚げ麺
税抜950円（税込1,0
隠れ人気メニュー♪バリバリ
具だくさんのあんがたまら
一度食べたらヤミツキ

醤油ラーメン
税抜700円（税込770円）

広東麺
税抜1,000円（税込1,100円）

チャーシュー麺
税抜1,000円（税込1,

お母さん

中華丼
税抜き1100円（税込み1210円）

ミニパフェ　ベリー
税抜き530円（税込み583円）

お店でメニュー表を見るときは、おいしそうな写真だけでなく、値段にも注目してみましょう。あなたの食べたいものは、いくらと書いてありますか？　よく見ると、1つ1つ値段がちがっています。材料がちがうからでしょうか？　メニューの値段はどうやって決まっているのか考えてみましょう。

ソフトクリーム
360円

ミートソース
1050円

リエさん

たっぷり野菜のミートソース
税抜き1050円（税込み1155円）

キッズドリンクバー
税抜き200円（税込み220円）

ソフトクリーム
税抜き360円（税込み396円）

ユウマくん

お子様甘口カレープレート
税抜き700円（税込み770円）

キッズドリンクバー
税抜き200円（税込み220円）

ミニパフェ　ジャンピングドルフィン
税抜き550円（税込み605円）

言葉 「税込み」ってどういうこと？

メニューに書いてある「税込み」というのは、消費税という税金がふくまれた値段ということ。日本では、食事や買いものをするとき支払う金額には消費税がふくまれています。レストランで税込みの値段が1100円と書かれたチャーシュー麺を注文したら、このうち100円が消費税です。

お店には、「1100円（税込み）」「1000円（税込み1100円）」のように、税込みの値段をメニューや値札にはっきり示すことが国によって義務づけられています。

| 1000円 （チャーシュー麺） | + | 100円 （消費税） | = | 1100円 （税込み） |

※現在（2021年3月）は消費税率10％（一部8％）ですが、変更される場合があります。

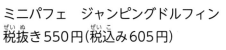

料理の注文は、メニューの値段ぶんのお金を払うという約束になるよ。

値段のうちわけはこうなっている

　値段は、お店の人が「**原材料費**」や「**経費**」を計算し、「**利益（もうけ）**」を加えて決めています。レストランの場合を例に、それぞれのうちわけを見てみましょう。

● 値段のうちわけ

$$原材料費 + 経費 + 利益 = 値段$$

調理中の
電気・ガス
(経費)

調理道具
(経費)

働く人の給料
(経費)

メニュー
(経費)

エプロン
(経費)

お店の家具など
設備(経費)

食器(経費)

料理の材料
(原材料費)

肉、魚、野菜、スパゲティ、
ごはんなど

● 原材料費
● 料理をつくる材料にかかるお金

　レストランでリエさんが食べたミートソーススパゲティの**原材料費**を見てみましょう。商品の値段を決めるときは、原材料費を基準にします。原材料費が高い商品は、値段も高くなるのがふつうです。また、原材料費は何にいくらかかったか計算しやすいのが特徴です。

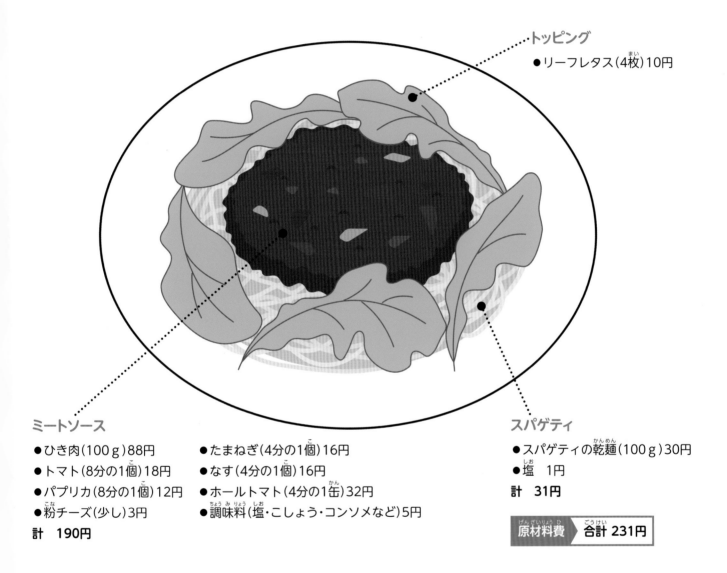

トッピング
- ●リーフレタス(4枚)10円

ミートソース
- ●ひき肉(100ｇ)88円
- ●トマト(8分の1個)18円
- ●パプリカ(8分の1個)12円
- ●粉チーズ(少し)3円
- ●たまねぎ(4分の1個)16円
- ●なす(4分の1個)16円
- ●ホールトマト(4分の1缶)32円
- ●調味料(塩・こしょう・コンソメなど)5円

計　190円

スパゲティ
- ●スパゲティの乾麺(100ｇ)30円
- ●塩　1円

計　31円

| 原材料費 | 合計 231円 |

🐷 原材料費にふくまれている大切なものって？

　肉や野菜などの原材料の値段には、忘れてはならない大切なものがふくまれています。それが、これらをつくっている人たち(生産者)の労働力に対して払われるお金です。肉や野菜を育てるにはたくさんの時間と手間がかかっています。

　お店で料理の材料を買うときは、高い・安いだけではなく、「この値段で、生産者の人たちは労働力に見合ったお金をもらえているかな」ということも考えてみましょう。

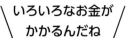
いろいろなお金が
かかるんだね

経費

お店を営業するために必要なお金

　お店を開くためには、場所を借りたり、料理をつくる人や運ぶ人をやとったりするのにお金がかかります。このように、お店を営業していくのに必要なお金が**経費**です。経費の中には、働く人がお店に通勤するときにかかる交通費など、目に見えにくいものもふくまれています。

【水道光熱費】

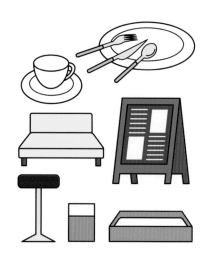

【食器・家具の代金】

【流通費】

材料をお店に運ぶのにかかるお金。

【人件費】

お店で働く人の給料や通勤するための交通費など。

【お店の家賃】

【広告・宣伝費】

ホームページ、ちらし、看板など。

🔍 経費はほかにどういうものがあるかな。

● 利益
● お店を続けていくために必要なお金

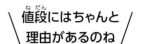

売り上げから原材料費や経費をさし引いて、手元に残るお金が**利益（もうけ）**です。お店や会社にとって、利益は営業や活動を続けていくためにとても大切なもの。新メニューの開発など、売り上げをこれまで以上にのばしていくための工夫、万が一のときの備えなどに使われます。

【新メニューの開発】

新メニューの開発には、アイデアを考え試作・試食を行うための原材料費、人件費などが必要です。新たなメニューの人気が出れば、売り上げが上がります。だから、お店は大切な利益を使い、新メニューの開発にとりくむのです。

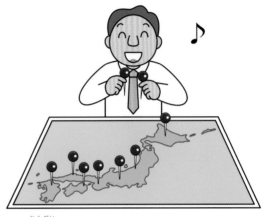

【お店の拡大】

利益は、お店を増やすことにも使われます。たとえば、お店を東京や大阪などの大都市にたくさん開けば、全体の売り上げが上がり、お店の名前も広まってお客さんが増えます。原材料も大量に仕入れられるので安くしてもらえます。

【給料・ボーナスの増額】

お店が利益を上げることができたのは、そこで働く人たちのおかげでもあります。利益を給料やボーナスを増やすことに使い、努力やがんばりにこたえることで、働く人のやる気が上がります。

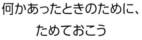

【何かあったときのたくわえ】

利益の一部は、たくわえとして残しておきます。そうしておかないと、万が一、お店を休まなければいけなくなったとき、お店の家賃や働く人の給料が支払えなくなってしまいます。

 利益を考えずに値段をつけたらお店はどうなるか、想像してみよう。

値段が変わったり、お店によってちがったりするのはどうして？

人気のある・なし（需要）によって値段が変わる

ものの値段は、いつも同じとはかぎりません。値段の上がり下がりに影響するのが、人気のある・なしです。「この商品がほしい」と思うことを**需要**といいます。人気があってみんながほしがる商品は「需要がある」、人気のない商品は「需要がない」といわれます。需要がある場合は値段が高くなり、需要がない場合は値段が安くなります。

● スマートフォンの場合

これまでにない機能をもった新発売のスマートフォン。発売直後は、値段が高くても行列をつくって買う人がいるほどの人気で、需要があります。ところが、さらに新しいスマートフォンが発売されると、前のものをほしがる人は減り（需要がなくなる）、値段を安くしないと売れなくなります。

● 季節の洋服の場合

夏のはじめは「夏用の服を、早めに買って長く着たい」と思う人が多く、値段が高くても買う人がたくさんいます。ところが、夏が終わるころには「今、夏用の服を買っても少しの間しか着られない」と思うようになり、需要が減ります。そこで、セールで値段を安くして買ってもらおうとします。

🔍 季節の終わりに割引になるものは、洋服以外に何があるかな。

量が多い・少ない（供給）によって値段が変わる

ものの量によっても、値段はちがってきます。「商品を市場に出す」ことを**供給**といい、ものの量（供給量）の多い・少ないで値段の上がり下がりが決まります。ふつうは、供給量が多いと値段が安くなり、少ないと値段が高くなります。

いちごの場合

いちごは春にたくさんとれるので、値段を安くします。これは、いちごをほしいと思う人の数よりいちごの量が多いからです。春以外の季節では値段が高くなります。それは、いちごの量が減っても、ケーキなどをつくるために使いたい人がいるので、少ないものを多くの人がほしいと思っているためです。

トレーディングカードの場合

供給量が少なく手に入りにくい、めずらしいレアカードは、高くてもほしいと思う人が多いため、値段が上がります。供給量が多くて手に入りやすい、よく見かけるカードは、ほしいと思う人のほうがカードの量より少なく、値段は下がります。

お店にものを運ぶしくみ、流通によって値段が変わる

ものがつくられて**消費者**のところに届くまでの、ものとお金の流れを**流通**といいます。この流通によって、ものの値段が変わることもあります。**卸売業者**（問屋）を通すか通さないかで、値段に影響が出てくるのです。また最近は、卸売業者や**小売業者**を通さずに、生産者から直接買うという流通もあります。

● 卸売業者を通す場合

生産者（商品をつくる人）から、卸売業者（問屋）が商品を仕入れ、市場に集めます。そして、市場からお店（小売業者）が商品を仕入れて消費者に売るというのが基本の流れです。この方法では卸売業者の利益ぶんの値段が上がりますが、生産者と小売業者とが直接やりとりしなくてすみます。

● 卸売業者を通さない場合

大きなスーパーなどでは、商品の種類が多いため、やりとりする卸売業者の数が多くなります。すると、流通が複雑になってしまい、手間や経費がかかります。そのため、卸売業者を間に入れずに、直接、生産者から仕入れることで、商品の値段を下げる方法をとることがあります。

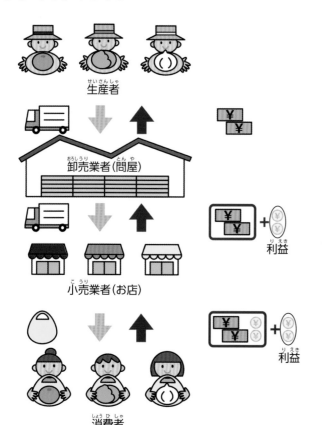

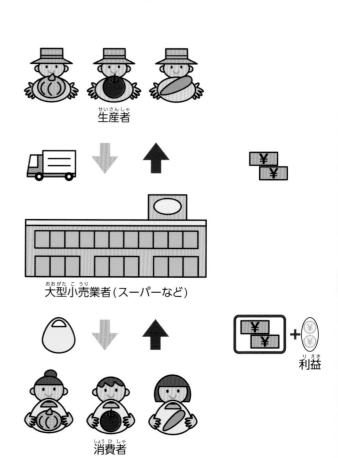

直売店では生産者が直接消費者に売っているよ。近くにあるかな。

こだわりやサービス によって値段が変わる

　ものをつくっている人や生産者のこだわりによっても、値段は変わります。原材料に品質のよいものを使えば、お金がかかり、そのぶん商品の値段は高くなるからです。また、私たちは旅行に行ってホテルにとまったり、映画館で映画を見たりするときにも、ものを買ったわけではないですが、お金を払っています。これらを**サービス**と呼び、そのサービスを生み出すのにどれほど手間や経費をかけてこだわったかで、値段は変わります。

かっこいい！！

ブランド品

たとえばスニーカーの場合、一流選手と契約してはいてもらったり、品質やデザインに特別にこだわったりします。こういった商品をブランド品と呼び、そのこだわりに共感する人は「高くても手に入れたい」と考えます。ブランド品は、さまざまなこだわりによってその価値を高めて、高い値段で販売されています。

サービスのちがい

同じコーヒーでも、セルフサービスのコーヒーショップよりホテルのほうが値段が高くなっています。ホテルでは、インテリアや接客など、お客さんがくつろぐためのサービスにこだわって、そのためにお金をかけているからです。

小麦粉

原材料とつくり方のこだわり

産地や品質など原材料の選び方にこだわり、手づくりするパン屋さんの食パンは、機械でつくる大量生産の食パンよりつくるのにお金がかかります。そのため値段が高くなります。

石油の値上げで食品が値上げになることもある！

石油は、車の燃料として使われたり、プラスチックの原料になったりします。この石油の値段も、多くのものの値段に影響します。そのなかには、野菜や魚、肉、パンなど、意外なものもふくまれています。なぜ、石油の値上がりが、こうした食品の値段に関係するのでしょうか。

● 野菜が値上がりする理由

野菜づくりには、畑を耕すトラクターの燃料費や、野菜を市場やお店まで運ぶトラックのガソリン代がかかります。野菜が消費者に届くまでには、石油がたくさん使われているため、石油が値上がりすると、そのぶん経費がかかり、野菜も値上がりします。

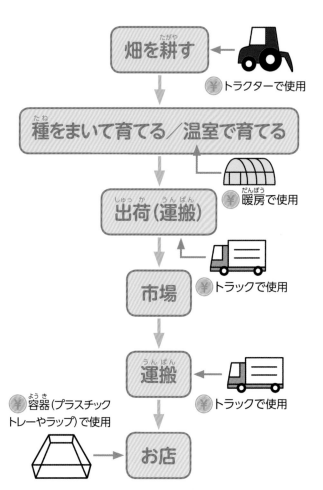

● 魚が値上がりする理由

魚をとるためには、漁船の燃料費がかかります。そして、野菜と同様にトラックで市場やお店に運ぶのにもガソリン代がかかっています。そのため、魚も値上がりします。

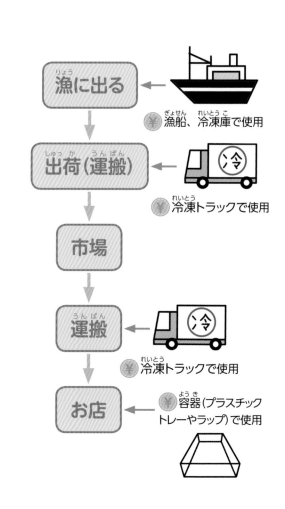

肉やパンが値上がりする理由

環境を守るため、また、石油の値上がりなどにより、とうもろこしなどを原料とする**バイオエタノール**の注目度が高まりました。そうすると、とうもろこしの値段が上がるので、とうもろこしをえさにしている牛や豚の肉の値段も上がるということが起きました。

また、とうもろこしの値段が上がると、とうもろこしをつくるほうがもうかるため、小麦畑をとうもろこし畑に変える農家も出てきます。小麦の収穫量が減ると小麦粉の値段が上がるので、小麦粉を原料とするパンの値段が上がるということが起きるのです。

石油の値段が上がる

バイオエタノールの注目度が高まる

とうもろこしの値段が上がる

牛や豚のえさの値段が上がる

肉の値段が上がる

小麦の代わりにとうもろこしをつくる農家が増える

小麦の収穫量が減る

小麦粉の値段が上がる

パンの値段が上がる

小麦粉

言葉 バイオエタノールってなんだろう？

とうもろこしなどからつくられる燃料のことで、石油の代わりに使われます。地球環境のためによくないといわれる二酸化炭素を吸収する生物資源（バイオマス）が原料なので、地球温暖化対策などでも注目されています。

石油の値上げで値段が高くなるものは、食品のほかに何があるだろう。

世の中の状況によって値段が変わる

　世の中の経済状態を表す**景気**も、ものの値段に影響します。**経済**と聞くと難しく感じますが、お金を出してジュースを買ったり、バスに乗ったりするのも、経済の1つ。経済を人の体だと考えると、お金は全身をめぐる血液、景気は元気のものさしです。さまざまなものが売り買いされて、お金のめぐりに勢いがあり、世の中が元気な状態を「**景気がよい（好景気）**」、反対に、ものがあまり売り買いされず、お金のめぐりの勢いが弱く、世の中に元気がない状態を「**景気が悪い（不景気）**」といいます。

景気がよいとインフレーションが起き、値段が上がる

　景気がよいと、会社がつくったものがたくさん売れて会社の利益が増え、働く人の給料が上がります。給料が上がるとものを買う人が増えるので、ものの値段は上がります。このように、ものの値段がどんどん上がっていく状態を**インフレーション（インフレ）**といいます。

景気がよいと

買いものをする人が増える

会社やお店がもうかっているので給料が上がる

高くても買う人が増える

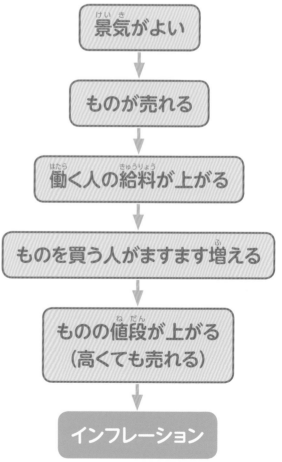

景気がよい
↓
ものが売れる
↓
働く人の給料が上がる
↓
ものを買う人がますます増える
↓
ものの値段が上がる（高くても売れる）
↓
インフレーション

景気が悪いとデフレーションが起き、値段が下がる

　景気が悪いと、ものが売れなくなります。会社の売り上げが落ちて働く人の給料が下がり、ますますものを買う人が減ります。すると、今の値段では売れないため、お店が安い値段をつけるようになり、ものの値段が下がります。このように、ものの値段が下がり続ける状態を**デフレーション（デフレ）**といいます。

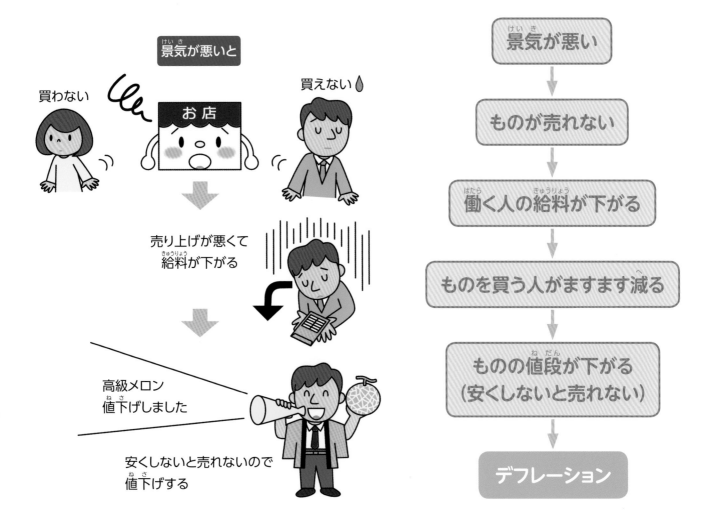

景気が悪いと

買わない

お店

買えない

売り上げが悪くて
給料が下がる

高級メロン
値下げしました

安くしないと売れないので
値下げする

景気が悪い
↓
ものが売れない
↓
働く人の給料が下がる
↓
ものを買う人がますます減る
↓
ものの値段が下がる
（安くしないと売れない）
↓
デフレーション

 インフレーションなのに景気がよくないときもある？

　景気がよいとインフレーションに、景気が悪いとデフレーションになると説明しましたが、インフレーションだから景気がよいわけではありません。
　日本は長い間景気が悪く、デフレーションが続いたため、政府はゆるやかにインフレーションになるような政策を行い、会社の利益や個人の消費を増やし、景気をよくしようとしています。

　しかし、インフレーション政策で原材料費が値上がりしても、ライバル会社との競争に勝つために商品の値段を上げられず、結局、会社の利益が減ってしまうということが起きています。これでは働く人の給料は上がらず、ものを買う人も増えません。このように、インフレーションなのに景気がよくないという状態もあるのです。

値段を安定させるための お店の工夫

野菜や肉、魚、小麦粉などの原材料費、お店で働く人をやとうための人件費、トラックのガソリン代などの経費は、値上がりすることがあります。そのぶん商品の値段を上げなければ、利益（もうけ）が大きく減ってしまいます。かといって、値上げをすれば、お客さんがはなれてしまうかもしれません。お店の人たちは、値段を変えないようにするために、また、値段が変わっても買ってもらうためにどのような工夫をしているのでしょうか。

値段を変えないための工夫

● まとめて仕入れる

原材料の値段は、一度にたくさんの量を仕入れるほど安くなるのがふつうです。一度に仕入れる数を増やして費用をおさえます。

たとえばこんなこと！

- ●ほかのお店と協力してまとめて仕入れる
- ●必要なものをなるべく1つのお店でまとめて仕入れるようにする

● 一度に買ってもらう
● 金額を増やす

いつも800円ぶん買いものをしているお客さんが、1000円ぶん買ってくれるようになったら、売り上げが増え、利益も増えるので、商品の値段を上げなくてもすみます。

たとえばこんなこと！

- ●たくさん買ってくれた人におまけをつける
- ●ちがう商品をセットにして売る

ドーナツ10個でエコバッグプレゼントです！

値段を上げても買ってもらえる工夫

納得できる説明をする

だまって値上げをすると、お客さんは「なんでだろう？」と不満に思います。「原材料が値上がりしたので、商品も値上げしないとやっていけない」などと説明して納得してもらうことが大切です。

たとえばこんなこと！

● お店に値上げを知らせるポスターをはる
● 値上げの前にちらしをつくって知らせる

付加価値をつける

付加価値とは、商品につけ加えられたほかにはない特別な価値のことです。「値上がりしたけどほしい」と思ってもらえるように工夫をします。

たとえばこんなこと！

● 盛りつけやパッケージを特別なものにする
● 流行のキャラクターと協力して商品をつくったり販売したりする

値段に関係なく買ってもらえる工夫

ファンを増やす

「値段は少しくらい高くても、このお店が好き」というファンを増やせれば、値段に関係なく商品を買ってもらうことができます。

たとえばこんなこと！

● 原材料やつくり方をホームページで紹介する
● 料理教室を開いてお店の味を知ってもらう

「送料無料」って本当に無料？

ネット通販などで「**送料無料**」という言葉をよく見かけます。運送会社がただで荷物を家まで運んでくれるのでしょうか。それはちがいます。「送料無料」の本当の意味は、「送料はお店が負担します」なのです。でも、それではお店の利益が減ってしまいます。商品の値段をつけるときに送料ぶんを加えるという方法もありますが、ライバル会社に負けないよう、それができない場合もあります。

たくさんの商品を売っている会社は、送料無料で多くのお客さんをひきつけることができれば、ほかの商品もたくさん買ってもらえるので、利益が出るかもしれません。しかし、小さい会社やお店はそうはいきません。送料無料はうれしいですが、こうしたことも考えながら買いものができるといいですね。

もの値段は今と昔でどんなふうに変わったの？

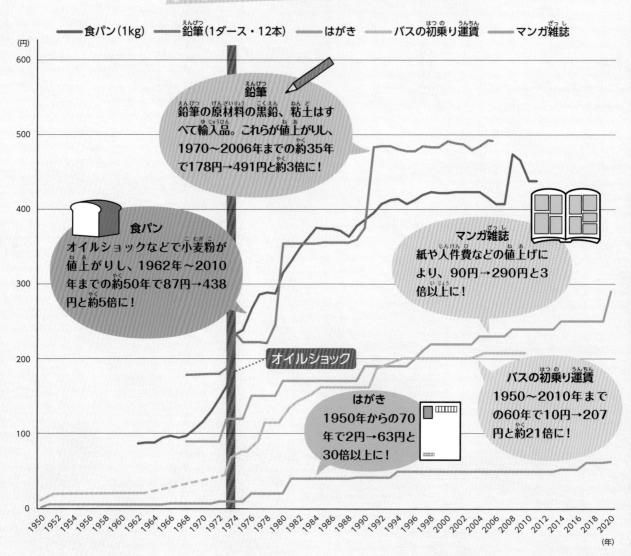

大きく値段が変わったもの

──食パン（1kg） ──鉛筆（1ダース・12本） ──はがき ・・・バスの初乗り運賃 ──マンガ雑誌

鉛筆
鉛筆の原材料の黒鉛、粘土はすべて輸入品。これらが値上がりし、1970〜2006年までの約35年で178円→491円と約3倍に！

食パン
オイルショックなどで小麦粉が値上がりし、1962年〜2010年までの約50年で87円→438円と約5倍に！

マンガ雑誌
紙や人件費などの値上げにより、90円→290円と3倍以上に！

オイルショック

はがき
1950年からの70年で2円→63円と30倍以上に！

バスの初乗り運賃
1950〜2010年までの60年で10円→207円と約21倍に！

総務省「主要品目の東京都区部小売価格」他

今と昔で「大きく値段が変わったもの」と「それほど値段が変わらないもの」の値段の移り変わりを見てみましょう。

　どちらのグラフも、1973年ごろに急に値段がはね上がっているのがわかります。このとき石油の産出国が多い西アジアで戦争が起こり、石油の値上げと輸出停止が決まったことで、世界中で石油を原料とする多くのものの値段が大きく上がりました。これが**オイルショック**です。20ページで、石油の値段がものの値段の上がり下がりに関係しているとお話ししましたが、このグラフを見てもそれがわかります。

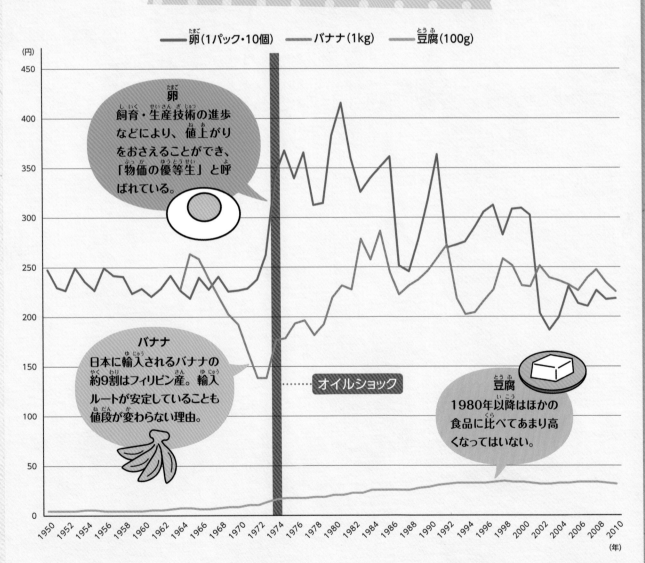

それほど値段が変わらないもの

―― 卵(1パック・10個)　―― バナナ(1kg)　―― 豆腐(100g)

卵
飼育・生産技術の進歩などにより、値上がりをおさえることができ、「物価の優等生」と呼ばれている。

バナナ
日本に輸入されるバナナの約9割はフィリピン産。輸入ルートが安定していることも値段が変わらない理由。

オイルショック

豆腐
1980年以降はほかの食品に比べてあまり高くなってはいない。

総務省「主要品目の東京都区部小売価格」

ものやお金は世界とつながっている

食べものの多くは
外国から買っている（輸入）

自分の食べているものが、どの国からきたものなのか、考えたことはありますか。私たちの食生活を支えている食料の中には、外国から買っているものがたくさんあります。

大豆や小麦の多くは外国産

日本の**食料自給率**は、昔に比べて下がってきています。食料自給率とは国内で消費した食料のうち、国内で生産された割合のこと。おもな食料の自給率のグラフを見ると、日本では大豆や小麦の自給率が低く、多くを**輸入**していることがわかります。果物や牛肉も半分以上、魚介類も半分近くを輸入しています。

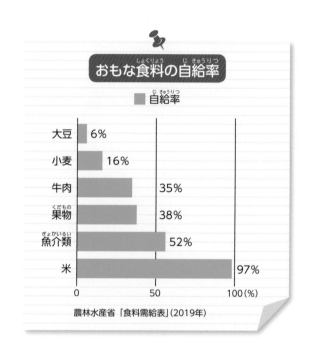

おもな食料の自給率

■ 自給率

食料	自給率
大豆	6%
小麦	16%
牛肉	35%
果物	38%
魚介類	52%
米	97%

農林水産省「食料需給表」(2019年)

輸入額は増えている

農産物の輸入額は、1966年から2019年までの約50年の間に、約5.5倍にまで増えています。

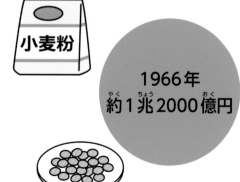

農産物の輸入額の変化

小麦粉

1966年
約1兆2000億円

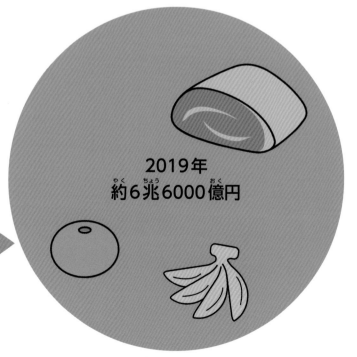

2019年
約6兆6000億円

農林水産省「食料・農業・農村白書」
農林水産省国際部国際経済課「農林水産物輸出入概況」(2019年)

食生活が変化したため

　昔はお米中心の和食でしたが、今はパンやスパゲティ、肉、チーズなど、さまざまなものを食べるようになりました。そこで、国産だけでは足りない小麦をはじめ、多くの食料を輸入するようになったのです。

1年中農産物を手に入れるため

　たとえば、かぼちゃはもともと夏から秋にかけて収穫される野菜です。日本で収穫できない時期に輸入することで、1年中お店に並ぶようになっています。

和食の朝食から

洋食の朝食へ

外国産のほうが安いため

　アメリカやオーストラリアなどでは、日本より畑や牧場の土地が広いため、大型機械を使い、少ない人手で大量の農産物を生産したり、家畜を飼育したりすることができます。だから、安い値段で輸入でき、安く販売できるのです。

牛肉の国産と外国産の値段のちがい

	肩ロース 100g	バラ肉 100g
オーストラリア産	255円	229円
アメリカ産	286円	251円
国産	756円	582円

農畜産業振興機構「牛肉の価格動向」(2019年度)

食料自給率が低いと困ることってあるの？

　外国の食料は、値段が安いのが大きな魅力です。しかし、日本が食料を輸入している国で不作が続くと、自分の国の人が食べるぶんを確保するため、輸出が制限されることがあります。輸入にたよりすぎると、いざというとき食料が足りなくなってしまうこともあります。

　そうならないためにも、食料自給率を上げることは大切です。安いからと輸入食品ばかり買うのではなく、国産のものも買って生産者を応援することが必要です。

機械や自動車など工業製品を外国に売っている（輸出）

　日本は、外国からものを買っているだけではありません。工業製品をはじめとして、さまざまなものを外国に売っています。

輸出品の多くが機械類と自動車

　日本が輸出している品物のうちわけのグラフを見ると、機械類や自動車、化学製品、鉄鋼など、工業製品が多いことがわかります。なかでも機械類と自動車の割合が高く、全体の半分以上になっています。

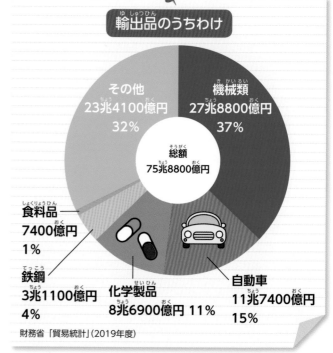

輸出品のうちわけ

- その他 23兆4100億円 32%
- 機械類 27兆8800億円 37%
- 総額 75兆8800億円
- 食料品 7400億円 1%
- 鉄鋼 3兆1100億円 4%
- 化学製品 8兆6900億円 11%
- 自動車 11兆7400億円 15%

財務省「貿易統計」(2019年度)

※輸出額は10億円の位で四捨五入しているので各品目の合計は総額になりません

自動車輸出額は25年で約2.4倍に

　自動車は、日本の代表的な輸出品の1つです。長期的に見ると自動車の輸出額は増え続けています。1990年代からは、外国にある日本の会社の工場に部品などを輸出し、現地で自動車をつくることも増えています。

自動車輸出額の移り変わり

(兆円)

財務省「貿易統計」

なぜ日本は工業製品を外国に売っているの？

資源が少ないため

　日本は資源が少なく、石油や石炭などを輸出してお金をかせぐことができません。そのため、資源や原料を輸入して自動車やコンピュータなどの工業製品をつくり、外国に輸出する**加工貿易**がさかんになりました。

高い技術力をもっているため

　加工貿易で発展してきた日本では、高い技術力で多くの高品質な工業製品をつくり出してきました。現在では、値段の安い外国製品との競争に勝つために、これまでつちかってきた技術力で、痛くない注射針や無人で操作できる大型ダンプカーなど、新たな付加価値をもった製品を生み出し続けています。

日本はその時代に合うものをつくるのが得意なんだね

 アニメやゲームも重要な輸出品

　日本にくる外国人観光客の中には、日本発のアニメやマンガ、ゲームなどのファンがたくさんいます。それは、日本がこれらの情報を輸出しているからなのです。映画やテレビ番組、インターネット配信などもふくめて、これらの情報を**放送コンテンツ**といいます。

　放送コンテンツのうち、もっとも輸出額が多いのがアニメで、約405億円、放送コンテンツの輸出総額の約80％をしめています。アニメは日本の重要な輸出品の1つとなりつつあります。

総務省「放送コンテンツの海外展開に関する現状分析」（2018年度）

 日本が機械類や自動車を多く輸出している国はどこだろう。

外国のものを買ったり、売ったりするときの値段は？

外国からものを買うとき、外国へものを売るとき、ものの値段はどうなるでしょうか。ここでは、外国のお金の単位や、国と国とでお金を交換するしくみを見てみましょう。

● 通貨の単位は国や経済共同体
● ごとにちがう

それぞれの国で流通しているお金のことを**通貨**といいます。世界の国の数と、通貨の数は同じではありません。日本の「円」のように、1つの国でしか使われない通貨もあれば、複数の国で使われている通貨もあります。

ヨーロッパでは、かつては国ごとに独自の通貨を使っていましたが、2002年から多くの国々で共通の「**ユーロ**」を使い始めました。これによりお金を交換する手間がはぶけて、ヨーロッパ内での経済活動がしやすくなりました。

アメリカ合衆国 アメリカドル

ロシア ルーブル

カナダ カナダドル

イギリス ポンド

ヨーロッパの多くの国 ユーロ

中華人民共和国（中国）  元

大韓民国（韓国）  ウォン

インド  ルピー

ブラジル レアル

南アフリカ共和国 ランド

●：「外国為替」ってなんだろう？

外国との取引では、日本の円が使えないこともあります。このとき使われるのが為替です。日本の通貨と外国の通貨を交換するしくみのことを、とくに外国為替といいます。

たとえば、アメリカからものを買うときにドルを使う場合は、円をドルにかえて値段を計算し直します。

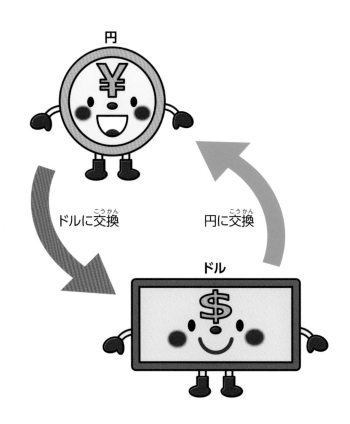

円

ドルに交換　　円に交換

ドル

●：「為替レート」ってなんだろう？

日本と外国では、通貨の価値やさまざまな基準がちがいます。だから、「何円を何ドルで交換します」などと交換比率を決める必要があります。つまりお金の値段を決めるのです。このときの交換比率を為替レート（外国為替相場）といいます。

為替レートは、国の景気や経済情勢によって変わります。たとえば、1ドルが100円になったり、110円になったりと、毎日のようにお金の値段が変わるのです。

ユーロ　円　ドル

お金の値段は「外国為替市場」で決まる

円やドルなどの異なる通貨を交換（売買）し、お金の値段（為替レート）を決める場所を外国為替市場といいます。世界中のたくさんの場所で、24時間、個人や企業、証券会社、銀行などによって取引が行われており、為替レートは刻一刻と変わっています。

「市場」と聞くと、野菜や肉を売り買いする市場をイメージするかもしれませんね。しかし、外国為替市場には特定の場所や建物はなく、電話やインターネットなどで取引が行われています。

円とドルの為替レートを調べよう。昨日とどう変わったかな。

「円安」「円高」ってよく聞くけど、どういうこと？

おいしいクッキーや、かっこいいスニーカーなど、私たちのまわりには輸入品がたくさんあります。じつは、こうした輸入品を買うときにも為替レートが関係してきます。為替レートが変わることで円高や円安になります。輸入品を買うときに得になるのはどういうときでしょうか。

● 円安、円高には
「需要と供給」が関係している

円安、円高は、需要と供給（16〜17ページ）で決まります。「円をドルに交換したい人」が増えると、ドルの価値が高くなり、たくさんの円をもっていないと、ドルに交換できなくなります。これが円安です。

反対に、「ドルを円に交換したい人」が増えると、円の価値が高くなります。これが円高です。

円安ドル高のしくみ

円がほしい（ドルを円に交換したい）　　　ドルがほしい（円をドルに交換したい）

＜

円に比べてドルの価値が高くなる

円高ドル安のしくみ

円がほしい（ドルを円に交換したい）　　　ドルがほしい（円をドルに交換したい）

ドルに比べて円の価値が高くなる

＞

円安になると、輸入品は高くなる

為替レートが1ドル100円だったのが、1ドル110円になったとき「円安になった」といいます。1ドル100円なら、100ドルのスニーカーは1万円で買えます。でも、1ドル110円になると、1万1000円出さないと買えません。同じものを買うのに、より多く円が必要になるということは、円の価値が下がったことを意味しています。

円の数値が増えたのだから、円が高くなったように感じますが、それはまちがい！
より多くの円が必要になる、つまり円の価値が下がっている状態です。

100ドルの
スニーカーを買う場合

＼ 円安だったら ／

1ドル＝110円

110(円)×100(ドル)＝ 1万1000円 必要

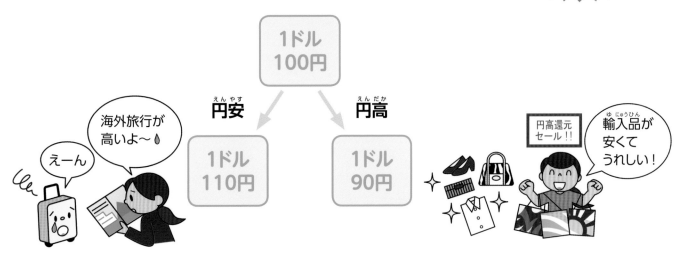

1ドル
100円

円安

1ドル
110円

円高

1ドル
90円

えーん

海外旅行が
高いよ〜

円高還元
セール!!

輸入品が
安くて
うれしい！

円高になると、輸入品は安くなる

為替レートが1ドル100円だったのが、1ドル90円になったとき「円高になった」といいます。1ドル100円なら、100ドルのスニーカーは1万円で買えます。それが、1ドル90円になると、9000円で買うことができるようになります。同じものを買うのに、少ない円でも買えるということは、円の価値が上がったことを意味します。

円の数値が減ったのだから、円が安くなったように感じますが、それはまちがい！
少ない円で買える、つまり円の価値が上がっている状態です。

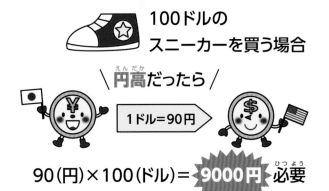

100ドルの
スニーカーを買う場合

＼ 円高だったら ／

1ドル＝90円

90(円)×100(ドル)＝ 9000円 必要

円安になると日本からの輸出品を外国で安く売ることができるよ。

4章

ここで学ぶこと

未来のためのとりくみと、ものの値段を考えよう

農業の体験に来ました

今日はよろしくお願いします

こんにちは！今日はブロッコリーの苗を植えてみましょう

できた〜!!

ここでとれた野菜は、近くの直売店で買うこともできるんですよ

値段にとらわれず、未来のためにとりくみたいこと

ものの値段には、未来に生きる人々や地球のために必要なとりくみにかかるお金もふくまれています。不平等を減らしたり、食べものやエネルギーなどの資源をむだにしないようにしたりするためには、時間や手間がかかるため、ものの値段が少し高くなることがあります。未来のためにどんなとりくみがあるのか、見ていきましょう。

● 地産地消
● 食料自給率を上げる

地域で生産されたものをその地域で消費し、農業や漁業を活性化して食料自給率の向上などにつなげようというとりくみが**地産地消**です。たとえば農産物の生産者は、市場には流通しないふぞろいな農産物も直売店などで売ることができ、消費者は新鮮な農産物を食べることができます。

学校給食に地域の農産物や水産物などの食材が使われることもあるので、みなさんも地産地消をしているかもしれません。ホテルや飲食店で地域の食材を使った料理を提供し、観光客を増やすとりくみもさかんです。

地元の食材を販売する「地産地消」のお店も増えています。野菜などを運ぶトラックの排気ガスには、地球温暖化の原因となる二酸化炭素などがふくまれます。近くの生産者から仕入れることで遠くから運ぶ必要がなくなり、二酸化炭素などを減らすことができます。

身の回りの「地産地消」のとりくみを探してみよう。

● フェアトレード
● 公平な貿易で貧困をなくす

フェアトレードとは、開発途上国の生産者が人間らしい暮らしができるよう、原料や製品を正当な値段で買う「**公平な貿易**」のことです。

たとえば、チョコレートの原料となるカカオ豆のおもな生産国にコートジボワールという国があります。ここでは、カカオ豆をつくる農家が生活していくために、1日あたり約250円の収入が必要とされています。しかし、約6割の農家が1日平均約80円の収入しかありません。そこで、農家が必要とする収入を保障するためにフェアトレードのとりくみが進められています。フェアトレードのチョコレートの値段には、カカオ豆を正当な値段で買い取るためのお金もふくまれているのです。

フェアトレードを行っている団体として認められたマークです。

英語で「フェアトレード」と書かれています。

フェアトレードのチョコレート

コーヒー豆も代表的なフェアトレード商品の1つ。ペルーやラオス、タンザニアなどの国から輸入されています。

● 有機農業
● 自然の力を活用し安全な農産物をつくる

農薬や化学的な肥料などを使わず、おいしく安全な農産物をつくる農業のことを**有機農業**といいます。化学的な肥料を使うと収穫量を増やせますが、使いすぎると土地がやせてしまいます。農薬も体によくないといわれています。

そこで、たい肥や油かすなどの**有機肥料**を使った、昔ながらの有機農業が見直されています。手間がかかるぶん、値段が高くなることもありますが、自然の力を生かした環境にやさしい生産方法です。

有機農業でつくったから安全でおいしいよ

国で決められた有機農業の基準を満たした農産物には、有機JASマークがつけられています。

● 有害物質や品質の検査

安心・安全のために必要なもの

　食品が有害物質に汚染されていないか調べたり、自動車や機械などがきちんと動くか検査をしたりするにはお金がかかり、そのぶん値段も高くなります。

　値段を安くするためにむだを省くのも大切ですが、**有害物質や品質の検査**は、消費者の安全・安心を守るために、絶対に省けないものの1つです。

だいじょうぶかな!?

● アレルギー表示

えびや卵などの7品目に表示義務がある

　レトルト食品やおかしなどの加工食品は、見ただけでは原材料が何かわかりません。特定の食品にアレルギーがある人が知らずに食べると、下痢やじんましんなどの症状が出たり、場合によっては、命にかかわることもあります。

　そこで、国はアレルギーを起こしやすい7品目を1つでも原材料に使っている食品のパッケージに、**アレルギー表示**を義務づけています。加工食品会社にとっては手間とお金がかかりますが、だれもが安心して加工食品を食べられるようにするには、必要なものです。

特定原材料7品目

卵
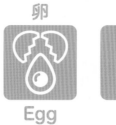
Egg

乳

Milk

小麦

Wheat

そば
Buckwheat

落花生

Peanut

えび

Shrimp

かに

Crab

アレルギー表示のおかげで、アレルギーのある人も商品選びが楽になります。

おかしの外箱などに、品質情報のサイトのＵＲＬが書いてあるね。

● トレーサビリティ
● 食品や製品の安全を守るしくみ

　トレーサビリティとは米や肉などの食品や自動車などの工業製品1つ1つに番号をつけて管理することで、安全性に問題が起きたとき、すぐに原因をつきとめるためのとりくみです。たとえば、スーパーで売っている牛肉パックには、個体識別番号が表示されています。牛がどこで育てられ、どこで加工され、どこに運ばれ、どこで売られたかがわかるしくみになっているのです。

牛には1頭1頭個体識別番号がつけられています。

個体識別番号：13854■■8

この番号の牛について、独立行政法人 家畜改良センターに届け出られている情報は以下のとおりです。

出生の年月日	雌雄の別	母牛の個体識別番号	種別（品種）
2018.06.18	去勢（雄）	11893■2	黒毛和種

	異動内容	異動年月日	飼養施設所在地		氏名または名称
			都道府県	市区町村	
1	出生	2018.06.18	長崎県		
2	転出	2019.01.19	長崎県		
3	搬入	2019.01.19	長崎県	■市	■市場
4	取引	2019.01.19	長崎県	■市	■市場
5	転入	2019.01.19	長崎県	■郡■町	
6	転出	2020.09.02	長崎県	■郡■町	
7	搬入	2020.09.02	兵庫県	■市	■食肉センター
8	と畜	2020.09.03	兵庫県	■市	■食肉センター

パックについた番号で、その肉について消費者自身が調べることができます。

● 環境に配慮したものづくり
● 環境にやさしい商品には目印がある

　ごみを資源にもどしてつくりかえた**リサイクル商品**や、環境への悪い影響が少ない商品には、目印としてさまざまなマークがつけられています。こうした商品をつくるには専用の機械が必要になるなどお金がかかり、そのぶん値段が高くなる場合もあります。しかし、環境を守るためには必要なとりくみです。

	グリーンマーク
	原料に古紙を規定の割合以上利用していることを示すマーク。 【ついているもの】ノート、トイレットペーパー、新聞紙など
	再生紙使用マーク
	古紙を混ぜた製品につけられるマーク。右の数字は古紙パルプを何％使っているか表す。 【ついているもの】 ノート、ティッシュペーパーなど

	牛乳パック再利用マーク
	回収された紙パック（牛乳パックなどを原料にし、再生してつくられた製品）に使われるマーク。 【ついているもの】トイレットペーパー、おしぼり、はがき、封筒など
	エコロジーボトルマーク 原料としてカレット（空きびんなどを細かくくだいたガラスくず）を90％以上使用したガラスびんに表示される。
	エコマーク つくる・使う・捨てるときに環境への影響が少ないことや、環境保全に役立つ製品であることを表すマーク。 【ついているもの】鉛筆、のり、絵の具、ノート、ごみ袋、食器、Ｔシャツなど
	PCグリーンラベル 環境のことを考えたパソコンの設計・製造や情報公開などに関する基準を満たしたパソコンに表示される。

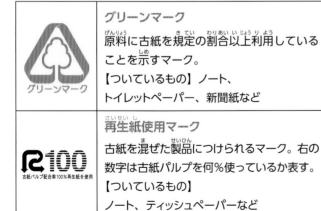

● POSシステム
食品ロスの解消に役立つ

お店のレジで会計するときに集めた売り上げ情報などを管理するシステムを、**POSシステム**といいます。

商品のバーコードをピッと読みこむと、どの商品がいつ何個売れたという売り上げデータがたまっていきます。その中には「どんな天気・気温のときにどんな商品が売れるか」という記録もあります。

たとえば「気温が上がると、おでんの売り上げが落ちる」ということが記録からわかるとします。すると「来週は気温が上がりそうだから、おでんの仕入れを減らそう」と予測でき、仕入れすぎや売れ残ったものを捨ててしまう食品ロスを防ぐことにも役立ちます。

データがとれて便利！

● アウトレット
今までは捨てられていた商品を割り引きして販売

売れ残り商品や、流通する途中で傷がついてしまったもの、品質基準を満たさなかったもの、返品されてきたものなどを、安く値下げして販売することを**アウトレット**といいます。アウトレットとは「出口」を意味する言葉です。

こうした商品は、これまで焼却されるなどして捨てられてきました。しかし、焼却すると二酸化炭素が排出され、環境に悪い影響をおよぼします。そのため、アウトレット商品として販売することも、環境にやさしい社会をつくっていくことにつながります。

アウトレット商品は、洋服から食品、文房具、パソコンまでさまざまあります。

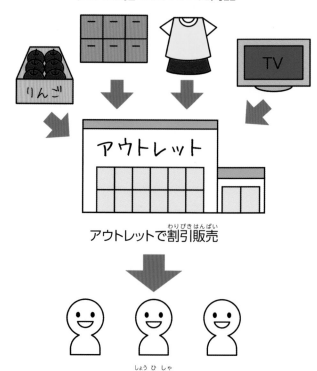

今までは捨てられていた商品

りんご

TV

アウトレット

アウトレットで割引販売

消費者

アウトレット商品が安い理由をしっかり理解することが大切だね。

ものの値段には、未来のためにかかるお金もふくまれる

　ものの値段は、原材料費、経費、利益を考えて決められますが、そのほかにも忘れてはならない費用が加えられています。それが、未来のためのとりくみにかかるお金です。ものの値段を見るときは、高い・安いだけではなく、商品につけられたさまざまなマークや表示などを参考に、食の安全・安心や地球環境などへのとりくみにも注目しましょう。

| 原材料費 | + | 経費 | + | 利益 | + | 未来のためのとりくみにかかる費用 | = | ものの値段 |

環境を守る

- POSシステムで食品ロスを解消
- 焼却されていた商品をアウトレットで販売し、二酸化炭素削減
- 環境に悪い影響をおよぼさないものづくり

食と健康を守る

- トレーサビリティで食の安全を支援
- 有害物質などの検査で安心を守る
- アレルギー表示で安心を提供

- 地産地消で食料自給率を上げる
- 環境にやさしい有機農業

貧困をなくす

- フェアトレードで公平な貿易を応援

未来のためのとりくみは、ほかにどんなことがあるだろう。

さくいん

監修

キッズ・マネー・ステーション

キャッシュレス決済、スマートフォンやゲームの普及など、子どもたちの環境が目まぐるしく変化する中、2005年にものやお金の大切さを伝えるために設立された団体。全国に約300名在籍する認定講師は、自治体や学校などを中心に、お金教育やキャリア教育の授業・講演を多数行う。2020年までに1500件以上の講座実績をもつ。代表の八木陽子は、2017年度から使用されている文部科学省検定の高等学校家庭科の教科書に日本のファイナンシャルプランナーとして掲載される。今回の書籍に携わった監修者はキッズ・マネー・ステーション認定講師の柴田千青、髙柳万里、柳原香。よりよい日本社会のために「お金とのつきあい方」を伝えるべく全力を注いでいる。
https://www.1kinsenkyouiku.com/

イラスト	みやもとかずみ　竹永絵里
装丁・デザイン	平野晶
原稿協力	伊藤綾子
企画編集	若倉健亮（中央経済グループパブリッシング） 木戸紀子（シーオーツー）
校正	中央経済グループパブリッシング 小林伸子

写真協力

大磯町役場　国立印刷局 お札と切手の博物館　地場屋ほっこり　トリコロール「しながわ水族館ドルフィン」（p8-9のメニューは2020年9月現在）　フェアトレードカンパニー「ピープルツリー」　PIXTA

主な参考資料

『池上彰のはじめてのお金の教科書』池上彰著（幻冬舎）
『親子で学ぶ　お金と経済の図鑑（まなびのずかん）』子どものための「お金と経済」プロジェクト著（技術評論社）
『学校では教えてくれない大切なこと 3 お金のこと』（旺文社）
『10歳から知っておきたいお金の心得〜大切なのは、稼ぎ方・使い方・考え方』八木陽子監修（えほんの杜）
『にちぎん★キッズ』（日本銀行）
『ものの値段大研究 決まるしくみから社会を知ろう！（楽しい調べ学習シリーズ）』佐和隆光監修（PHP研究所）
●サイト
一般社団法人日本貿易会「JFTCきっず★サイト」
一般社団法人わかちあいプロジェクト
金融広報中央委員会「知るぽると」
国際フェアトレードラベル機構「Cocoa Farmer Income」April 2018

もっと知りたい！ 調べたい！ お金のこと❷

値段が決まるしくみ

2021年3月25日　第1刷発行

監修者	キッズ・マネー・ステーション
発行所	株式会社中央経済グループパブリッシング 〒101-0051　東京都千代田区神田神保町1-31-2 TEL03-3293-3381　FAX03-3291-4437 https://www.chuokeizai.co.jp/
発売元	株式会社小峰書店 〒162-0066　東京都新宿区市谷台町4-15 TEL03-3357-3521　FAX03-3357-1027 https://www.komineshoten.co.jp/
印刷・製本	図書印刷株式会社